LOS ESPEJOS
DESDOBLADOS

LOS ESPEJOS DESDOBLADOS

ENRIQUE GALINDO

Colección Generación del Vértice, 216

LOS ESPEJOS DESDOBLADOS

© De los poemas
ENRIQUE GALINDO BONILLA

© Del prólogo
CARMEN GARCÍA RODRÍGUEZ ALONSO

© Imagen de la portada
EL AUTOR

© De la edición
CELYA EDITORIAL
Apdo. Postal 1.002 – Toledo (45080)
www.editorialcelya.com
celya@editorialcelya.com
Tel.: 639 542 794

1ª edición: Abril, 2024

ISBN: 978-84-19933-04-1
D.L.: TO 65-2024

Imprime CELYA

*A los artistas que componen esta exposición
y pueblan mis espacios de color y sensaciones.
Otros permanecen ausentes.
Al otro lado del espejo.
Esperan.*

ÍNDICE

Enrique Galindo

Es una casa tan grande la ausencia
que pasarás en ella a través de los muros
y colgarás los cuadros en el aire.

Soneto XCIV

Pablo Neruda

Pero no te olvides de coger
el hilo de Ariadna
para salir a la superficie,
donde está el yo que dicen los espejos.

de *Poeta en Jamón York*

Santiago Sastre

PROLOGO ATÍPICO Y ESPONTÁNEO

Cuando este libro consistía en unos pocos poemas, los envié a mi amiga escritora Carmen García Rodríguez Alonso, para que me diera su opinión y, siguiendo la práctica que mantenemos desde hace ya varios años de corregir mutuamente nuestros textos, indicara si encontraba errores o convendría modificar algo. Su respuesta fue un bálsamo en la incertidumbre:

«Aquí estoy, en shock, Enrique. Me ocurre lo mismo que cuando leí los primeros capítulos de *La mesa de la vida*, pero a lo bestia. Como poeta eres casi desconocido para mí, después de tus *Ángeles al doblar la esquina*, casi me había olvidado de esta faceta tuya.

No puedo hacerte ninguna sugerencia porque en poesía sé lo que me gusta, lo que me conmueve y me hace disfrutar, pero soy incapaz de escribir nada que se parezca a un poema. Sí te puedo hablar del eco que he sentido al leer, de las sensaciones y de la asociación entre imágenes.

Una idea muy potente: el arte también es dolor, o una búsqueda imposible. El pintor desea atrapar lo que trasciende a la realidad que plasma. Los colores son emociones, los recuerdos, sueños confusos, a veces, pesadillas. Los espejos inquietan cuando se pliegan sobre sí mismos, mucho más si en el fondo de sus arrugas permanece la Historia. El poeta, tú, es un detective con una lupa enorme, tan grande, que las imágenes abarcan todo y tapan la letra. No he leído, he visto.

Verás, he estado a punto de indicar que pusieses una coma, pero he reaccionado a tiempo. Me ha gustado mucho la experiencia, mucho.

Gracias por compartir esta entrega inesperada. Muchos besos».

CARMEN G. RODRÍGUEZ

ABRIL

Doménikos Theotokópoulos – El Greco

Abril, sin tu asistencia clara, fuera
invierno de caídos esplendores;
(Primavera)
Juan Ramón Jiménez

A Juan Sánchez Sánchez. Humanista
(In memoriam)

He visto —¡ojos míos!—,
he visto tus colores
peleando con la muerte
y la mirada de tus manos
—¡ojos tuyos!—
elevada a las alturas.

Hoy es abril y bienvenido.
Te recuerdo en mis escritos
rogando ser pinceles y besarte
los dedos y los trazos ingenieros.

Lento el tiempo y ya es abril,
el año, el siglo dan igual
y todo lapso es un instante.

Deseo ser parte y personaje,
color, pincel en la paleta,
turquesa, añil, frambuesa y ámbar

y gritar que hoy es abril,
que todas las gamas, los bocetos
impresionan y se humillan
de gozo y de redicha.
Gritar que hoy es tu día,
que el alma tiñe y muerde
texturas y celajes,
apóstoles y ángeles
del arte y la locura.

Lento el tiempo y ya es abril,
el año, el siglo dan igual,
enaltecida el alma en cada trazo,
la nostalgia plegada en los encajes,
el eterno color de las cerezas,
ropajes, escenarios y retratos,
bailando una pavana con cobaltos.

He visto —¡son tus ojos!—
la luz, la paz, el cielo en piedra,
el Tajo, claroscuros, manos y quebrantos,
la gloria y la tortura.

Y todos sus matices.

LO INTANGIBLE

CASPAR DAVID FRIEDRICH

> *Yo soy un sueño, un imposible,*
> *vano fantasma de niebla y luz;*
> *soy incorpóreo, soy intangible;*
> (Rima XI)
> GUSTAVO A. BÉCQUER

Tocar el agua es mojarse los dedos.
Rozar el aire es secarse las manos.

Tocar lo intangible es...
desmembrarse en abrazos,
temblar con las falanges desnudas
del tiempo, sin ser vencidos,
sin que la humedad moje tus hojas,
sin que el sudor riegue tus ojos,
ni lo concreto te destroce.

Tocar lo intangible es dejar
que la niebla penetre en los poros
y nos haga sentir poema en las manos
etéreas de un dios atribulado.

Tocar el aire es mecerse en la atmósfera
ambidiestra del amor y de la muerte,
pasear por los acantilados de todos los lienzos

observando el océano en el horizonte
de sucesos.

Tocar lo intangible es ver un cuadro
desde el borde de la vida.

Enrique Galindo

18

3
LOS INCENDIOS MARINOS

WILLIAM TURNER

Y luego, sosegada, le contaré, para dormirla,
aventuras de olas, de galeones, de arcabuces,
[de rumbos marinos,
de lugares vividos y soñados: de lo que fue
y que no fue y que pudo ser mi vida.

(de *Agenda*)
JOSÉ HIERRO

Corresponsal en Troya, testificaste
el desembarco de los aqueos y la furia de sus dioses,
la flota en la playa, piromancia del agua
en llamaradas resinosas traspasando siglos.

Ulises te llevó consigo y mostró la visión
de las sirenas, los cuerpos incendiados
de las guerras viejas, la espera.

Pintaste trirremes persas rompiendo espolones
contra muros flotantes. Salamina te dejó
el sabor salado de la muerte, el fuego.

Aníbal cruzó los Alpes y tú ilustrabas sus anhelos.
Viviste las hazañas y desgastes de Cartago contra Roma,
la astucia del soldado en tu mirada,
la angustia de las nubes encendidas, la derrota,
el desaliento.

Oteaste el infortunio de la Armada Invencible,
vencida frente a Albión, quizá acompañando a Drake
en un juego de tormentas y derrumbes.

Viste en Lepanto el desastre en el mar sin rostro,
el naufragio de los fieles y los infieles,
brillar almas en la oscuridad antes de hundirse
con cruces y lunas desgastadas.

Con Shakleton avanzaste hacia el retorno,
con los pies helados de óleo y trementina,
rodeado de banquisa y océano inmisericorde
al atisbar la Antártida con luz alucinada.
Resististe al Endurance. Conjuraste el hielo.
Shakleton imploró: «Pinta el mar de Drake,
las tormentas del infierno, el hambre que lo inunda,
los acantilados de agua, continentes
de rocas derretidas y cuerpos jaspeados».

Todos los mares, los naufragios, tempestades
del pasado y venideras, la industria monstruosa
que se cierne sobre los cielos. Todos los mares,
las batallas. te sirvieron de modelo de su furia.
Reflejaste el alma humana cuando hiere.

4

LA LUZ BUENA

Claude Monet

Y siente celos de Claude Monet
que vuelve de la eternidad
cada primavera...

(de *El paso del tiempo*)
Fernando Sabido Sánchez

A Isaura Álvarez André

Inventamos la luz un día sin lunas,
al amanecer de las madreselvas
y los puentes esmaltados.
Nadie nos indicó que ya existían los astros,
ni que un pintor apostaba su caballete al *plean-air*
en *Montparnasse* o en el *boulevard* de los Capuchinos
para imantarla.

Quizá se ocultaba en *Giverny* para recibir
la pleitesía de las lilas, la adoración de las aguas,
la luz buena, de vibrar estatuas, la de indagar
el tuétano del alma o cocinar a fuego lento
los ojos de la calle.

Quizá lo encontramos cada primavera
en *Étretat*, sin saberlo él, sin conocer nosotros,
en partículas de luz o en ondas
gravitacionales, al tratar de comprender
la filosofía arcana de los nenúfares.

Quién sabe si sigue pintando la luz
desde dentro de la luz,
detrás del espejismo,
un par de grados a la derecha
de la sombra de Dios.

5

EL CIELO EN EL TRIGAL

Vincent Van Gogh

La más hermosa espiga del estío
no sueña con el pan en los trigales;
(Vera Violeta)
Pedro Bonifacio Palacios
«Almafuerte»

Traed el cielo a la tierra y sembrad
de cordura el sufrimiento.
Transmutad dolor por ultramares y magentas.
Poned sobre la mesa de la tragedia el rojo y el verde.
Predicad la palabra y el color a los trigales.
Invocad el *Big Bang* en un instante
y dejarlo enfriar dentro de un cuadro.
Clamad con gritos homicidas que den consentimiento
para enarbolar lirios como banderas de paz.

Un hombre solo con su sombra más oscura
pintándose de luz por callejuelas,
arrastra sus pinturas, su legado incomprendido,
hacia su Dios que no lo ve.

Planta el caballete en cada huerto
y bebe de la absenta de la vida.
Sus manos son cipreses, almendros, girasoles.
A veces predica en los desiertos,
en las hambres del hombre,
los deseos índigos de los muertos.

Sus amigos son de barro, traen la noche
de los astros detenida en sus miradas.

Un mundo de enjambre de colores,
de siluetas de cuervos voladizos,
ha estallado en el cielo estrellado.

Un disparo detona la mañana
y hace eco en los trigales.

6

LA BELLEZA REBELDE

GUSTAV KLIMT

De repente la vieja primavera
se ha vuelto hiperactiva;
(de *Poemas a Napa*)
JESÚS PINO

Regresó la mañana tibia de pétalos y amapolas,
grandes como girasoles y leves
como cuentas de collar.
Cayeron sobre rostros de mujer.
Belleza lloviznó sobre belleza.
El esplendor cubrió las manos femeninas
con largos abrigos de oro y margaritas,
hojas de laurel y óleo, azucenas,
lilas, rosas de viento y canción.

Le siguió una lluvia fina de corcheas y pentagramas.
Sonaron las camelias y los tulipanes,
las dalias bailaron un vals de margaritas.
Judith entonaba junto a un piano
golpeado por Beethoven
telegramas de los que no esperan respuesta.
La calle sostuvo un friso alfombrado de ámbar,
caleidoscopio de estrellas que repiquetean en luz de luna
o titilaban presumidas en quimeras de unicornio.

¿Has contado las flores?
¿Has contado las estrellas?
¿Has contado los latidos?

La rebelión está servida en oropeles.
En copa de cobalto.
Se hace a golpes de belleza.

7
EL ALMA DISECADA
Edward Munch

La noche es negra, pero tiene lunas.

(*Última verba. El alma y Cristo*)
Amado Nervo

Navega la melancolía en un bote de cristal
mientras la soledad acuna un sol acuoso
que emerge de mar helado en medio de la madrugada.

Te saludo viejo Munch
desde la pálida noche de tu insomnio,
desde el boceto de la vida que trazaste
con tu pincel impregnado de almas disecadas.

La vida palidece en esta noche
que genera pesadillas.
La muerte es una constante en la ecuación
de tus teoremas.
El pasado arranca un torbellino
que golpea y no cesa.

Paseabas por el amor y con la muerte,
con un rastro de oleo adherido entre los dedos
que permutaba sentimientos por materia.

¡Quien fuera tu voz para sanarte!
¡Quién tuviera tu *Madonna*!
Quien los iris de tus ojos para verte.

Has dejado la herencia de tus sombras desecadas,
las almas de las gentes que amamaste
en el cielo y el infierno.

Se mecen nostalgias en paisajes sin luz,
caricias nocturnas, la mar en llamarada,
la calle encendida y helada de ausencias.

¡Quien fuera color para encontrarte!
¡Quién bálsamo fiero y sanar heridas!
Quien visión de tus almas disecadas.

Te saludo viejo Munch, desde tu ausencia.

8

LAS MARGARITAS VACÍAS

EDWARD HOPPER

Tal vez escuchando el preludio
de la suite número uno
olvidará vestirse,
peinarse, estar en la ciudad
(de Salir de un Hopper)
MARÍA ANTONIA RICAS

A Carlos Hernández Millán. Poeta

Las vísceras desiertas, vacías de gente.
La calle es un pulmón que no abanica.
Sola en la muchedumbre, sola,
en la superficie en calma de una piscina.
Sola.
O escuchando el canto de pájaros nocturnos.

Los diarios de papel *pulp* no imparten
noticias del corazón acuoso,
lo que ocurre se engendra muy lejos,
tal vez en otra manzana, en el lejano
chalet a la vuelta de la esquina.

Los jarrones no acunan sus margaritas.
La noche deja un regusto estéril a *nosequé*
que se incrusta entre los dientes,
a luz de farola entrometida,
a carne

prefabricada,
a dolor ajeno de ojos amarillos.

La comunicación es una estación de gasolina,
(desierta, despierta, despoblada, desvelada, desterrada),
con luces amorfas de neón
a las 3:33 a. m. de una madrugada permanente
en la que no hay alcohol
ni margaritas.
Sola.

9

LA LUZ DE LOS SUEÑOS

MARC CHAGALL

y tus manos de violinista
volando y enredándose en mis senos.

(Desnudo en sombra)
ALMUDENA GUZMÁN

¡Oh, Chagall, dulce Chagall!
El violín no cesará de tocar su vals
de papel sin pentagrama.
La novia soñará que se casa con su amado verde,
tierno turquesa de labios siena.

La sangre amarilla del cristito rojo
se diluirá en los salmos responsoriales.
Llegarán las sombras invernales de nieve tibia
a conjugar palabras sabias del Talmud,
a conjurar ángeles de risa eterna
que ofrendan a David y los profetas.

Los gallos entonan la balada de oro y plata.
Un caballo escarlata sobrevuela la madrugada.
El sueño deslumbra con su luz de hojas marinas.

Los cuentos, todos los cuentos,
leyendas de tierras perdidas en los códices.
El diablo azul de barba cana
emana del lienzo, deja fluir la flauta y nos bendice,
reza por Bella y enciende los candelabros

que dan luz de sueño
a los sueños que no tienen sueño.

La luz tierna.
Inquietantemente tierna.
¡Oh, Chagall, dulce Chagall!

10

LOS CUERPOS ESTANCADOS

EGON SCHIELE

Dos cuerpos frente a frente
son a veces dos olas
y la noche es océano.

(Dos cuerpos)
OCTAVIO PAZ

Entre los cuerpos y los trenes de la infancia
se entrelaza la verdad sin ropas,
mecánica y alada, del mundo;
mientras se funden los abrazos
como habitando espejos.

No creciste, niño eterno,
bendito entre los malditos,
maldito entre los sagrados.
No transcendiste la edad de los enigmas.

La soledad se hace piel y nos alumbra.
La carne trémula, el sexo, se viste
de sombra impúber, Peter Pan
emerge de los laberintos de papel
donde naufragan los pecados.

Cuerpos entrelazados en los trazos.
Trazos entretejidos en los cuerpos.
Trozos de urdimbre, entre-sombras ya pasadas,
pulsiones de amor y celos conjugados.

Alma mater de siluetas de mujer y encrucijadas:
Wally versus Edith impregnadas de papel,
preguntando cuándo será
el tiempo del placer, la humedad
eterna en los amantes,
el orgasmo fugitivo.

Los trenes, cuando pasan,
entrecruzan sus cuerpos
en ambas direcciones.

11

PAN BAJO LA ESTRELLA

Alberto Sánchez

Perdonadme, guerras lejanas, por traer flores a casa.
(Bajo una pequeña estrella)
Wisława Szymborska

A Jesús Fuentes Lázaro. Humanista

El pan se hizo efigie y habitó entre nosotros,
dejó volar un pájaro hasta su estrella,
subió a los infiernos y bajó a las covachuelas.
Descendió de los abismos y se hizo bronce,
mármol, madera, aire, luna y trova,
levadura y monolito,
maternidad y rebeldía,
fragmento de tiniebla y aura etérea.

La cueva fermentó y se hizo rascacielos,
humo de pedernal y meteorito.

Las calles se elevan en formas imposibles,
dibujan albatros de luz,
palomas de viento.

Volvieron los augures del Este.
Trajeron flores de pan,
paz fermentada,
sangre de sangre y de misterio.

TODOS LOS ROSTROS QUE CAMINAN

ALBERTO GIACOMETTI

Voy caminando en línea recta; llevo
las manos vacías, los labios sellados...
(La marcha)
DULCE MARÍA LOYNAZ

Un rostro, todos los rostros.

La figura hierática se deshace en sus propios garabatos,
en huesos de cráneo al carboncillo
y crece sentada con los ojos como vados.
Interrogantes, labios cerrados.

Cada remanso vacío en la calavera observa
al pintor que lo retrata.
La modelo contiene el aliento,
mira de frente al hombre que camina
y se pregunta. Enigmática. Asombrada.

Todos los rasgos, pintarrajo sublime de tus cuencas.

Un solo rostro, desde todos los dibujos,
te ilumina de sanguina
en la selva de marañas.
Grafías obsesivas me interrogan.
Admiradas, recurrentes.

Un rostro, todos los semblantes.

Hemos detenido el tiempo en una silla,
congelado en barro atávico el paseo
de los arcángeles guardianes
hechos hombres y mujeres.
Todos los rostros se vuelven hacia ti,
buscando al dios que los inventa.

Todos los rostros, un mismo pintor.
Todos los cuerpos, una sola faz.
Interrogantes y admirados.

Miran. No caminan.

CAMINO DE PIEDRA Y LUZ

Esteban Vicente

El firmamento es un cine que no avisa
qué película va a proyectar.
(Su cine)
Elena Román

A Carlos Enrique Rodrigo. Poeta

El reflejo de los arcos de acueducto se ha detenido
en un halo de matices que imanta las pestañas.
Las piedras levitan en las telas.
Los cielos se entierran bajo el fango.
Todo el color se expande en supernovas
cuando ignora su *Big Bang*.

Los campos de color difuminan la tela de luz,
como ejércitos de niebla y gasa
que avanzan ciegamente hacia el fondo
desgastado de los espejos.
Rothko te ha poseído en alma y juego.

Cuerpos desdoblados en bárbaros turistas
de una galaxia cercana.
Piedras siderales.

La luz se hace pintura.

LA ORACIÓN DEL ESPEJO

MARK ROTHKO

Formas rapaces volaron en el lienzo
antes de la quietud. La quietud
de la vida, de lo que permanece
en lo deshabitado.

(de Exposición)
OLVIDO GARCÍA VALDÉS

A María Antonia Ricas. Poeta

Rojos riegan los campos de la penumbra humana.
Negros se funden en alimento.
Han acudido los mirlos del viento amarillo
a rellenar el mundo onírico de sortilegios.
El horizonte es tan eterno y azul como la muerte
y tan salvaje como el océano
cuando viste sus olas de blanco y paz.

El fantasma del mito ha engendrado a su pintor.

Los cálidos fecundan el misterio de la luz,
un universo de plegarias y de anhelos,
de crónicas olvidadas y escondidas.
Lo transparente fertiliza la deidad en su hornacina.
Hay un halo de nieve gris en la mirada
del hombre que habla con su imagen
al borde gris de la esperanza.

Te imploramos la eternidad en todos los tonos,
la pleitesía del sentimiento hecho misión.
Tú nos guías. Solo queda
la inclinación humilde al infinito,
la peregrinación sin báculo.

He recibido las postales que remites,
sin palabras, desde el más allá.
La oración es un campo de batalla
anegado en rojo y negro
en el altar de los holocaustos de Houston.

El destino humano marca un desatino
de matices cristalinos, banderas
al aire son tus almas tendidas a secar.

Los campos de color
han emitido su sentencia de paz.
Somos legión los fieles a tu credo.

JUEGO DE ESPEJOS

Francis Bacon

> *Sin mirarte a ti, en la imagen*
> *exacta e inaccesible*
> *que te traiciona el espejo!*
>
> (¡Cuánto rato te he mirado!)
> Pedro Salinas

¿Cómo doblas los espejos?
¿Quién te ha creado en un simulacro?
¿Qué materia anida en tus dedos con el poder
de inventar espejismos?

Hombres abovedados.
Siempre hombres.
Juego de espejos cóncavo-convexos.
Gozo de espectros imposibles.

¿Qué misterio se tuerce en tu mirada
para ocultar todo y mostrarlo en un impacto?

¿Qué circo repentino ha olvidado sus payasos?

Cuerpos como lienzos.
Manos como humanas.
El grito tras el grito.
El cuerpo tras las manos.

¿Qué ángulos te quedan por vivir?
¿Quién será el próximo espíritu que te posea?
¿Cuál será el color que te dé vida?

No hemos inventado aún ese recargo,
el precio arcano de los cuadros,
la angustia que nos define en los rincones.
Ahora y siempre.
Ahora y siempre.
Ahora, cuando miramos los espejos,
inmaculados como nunca los habíamos visto.
Como si alguien tenebroso nos inquietase
desde el perímetro de la penumbra.

¿Quién te acecha detrás de los espejos?
¿Qué parte de ti se sienta a esperar la eternidad?
¿Quién es el creador del infortunio?

Trípticos del espíritu.
Juegos de la conciencia en el diván del lienzo.
Bacon suspirando desde otro lado del ángulo muerto.

FRENTE DE BATALLA

FRIDA KHALO

Fue hermosa y fue valiente.
Tuvo el extraño don de la batalla.

(de *El don de la Batalla*)
MARÍA LUISA MORA

A María Luisa Mora. Poeta

El frente de batalla,
        el que se cierne entre cañones
                y fuegos de artificio, es uno mismo
sin generales ni soldados,
sin laderas ni fosos de muralla.

Las huestes no son hierro y espada,
                        los trae el légamo
        de las colinas interiores.
                Arrasan como tsunamis de agua parda.

Las lanzas viven dentro,
        en el cruce de la piel con la mirada,
                en los huesos dislocados
de las fallas de la Tierra.
        La sangre es un erial que habitan plañideras
                mercenarias.

¡Quién conoce el infortunio!
¡Quién los páramos del viento!
Quién descubre que el lienzo es un juego
de espejos desdoblados
para mostrarnos lo que somos:
la colección de autorretratos
de un dios pequeño y exquisito
en la trastienda de un marchante
que mercadea existencia humana.

Luego el mar despliega sus sirenas,
nos sitúa delante de los labios
un catálogo Pantone descolorido
y nos deja beber a sorbos
un agridulce de vida y sombra.

HORROR VACUI

JACKSON POLLOCK

Y que nunca tu copa esté vacía.
Mira pasar la luna.

(de *Museo de Cera*)
JOSÉ MARÍA ÁLVAREZ

Mira las culebras de luz, la diminuta y
fina escalerilla que se deshace en miles de
estallidos, agujeros negros de los infinitos
firmamentos que caben en una misma
cuadrícula. Los perros no se pierden en la
noche, tiemblan por los hombres que no
tienen dueño. El caos es un orden controla-
do, elipsis de meteoritos jugando al miedo,
inundando toda la materia y la antimate-
ria en una suerte de agujeros negros sin
horizonte de sucesos. El vacío no existe, es
una entelequia de ranuras, un misterio de
colores chorreantes, el *dripping* de jirones
de piel que nace de los fondos vacíos de las
botellas de *whisky*. El pintor queda atrapa-
do en la materia oleosa, maraña de masas
neuronales que lo imantan a la vida. Solo
Jung es un juego de sinuosas raíces puestas
a secar cuando amanecen los espectros de
luz. En la calle se mueven perros de sangre,
anillos de agua sucia extendida como tram-
pas de arenas movedizas. La personalidad

del hombre se traga la leyenda. Todo es todo, una copa nunca llena, un juego turbio de lunas menguantes que asoman su luz entre las nubes. El pintor reluce desde el centro geométrico exacto de la galaxia. Tras el caos del *horror vacui*.

¿Puede la magia surgir de la Caja de Pandora?

18

LA PIEL DESPLEGADA

Juan Galea Barjola

La luna tiene un sueño de grandes abanicos
Y el toro sueña un toro de agujeros de agua.
(de *Poeta en Nueva York*)
Federico García Lorca

Fue la desnudez del cuerpo,
la piel desleída saliéndose del alma,
los brazos abrazados a los besos,
la calma de pretil en la memoria,
el juego diminuto de cristales en calima.

Luego vino el toro, un toro de sangre
derramada en comunión con el pintor,
la ofrenda y el perro abandonado,
el miedo en el interior del miedo.

Y el lienzo que se pliega
como un capote de fuego fatuo,
la piel desplegada a vientos favorables,
el futuro detenido en escaleras.

La muerte se retoca ante el espejo,
maquillaje de vidrio y trementina.
La tragedia pinta labios y cautiva,
absorbe las ofrendas, las miradas,
de espectadores impresos en el cuadro
que se tapan la cara ante el destino.

¡Echad las cartas del Tarot!
¡Leed las cartas del color!
Augurad imágenes de trapo,
embestidas de luna, cuerpos
desarrapados que se lucen insomnes
en la arena.

LA CRUZ Y LA PALABRA

ANTONI TAPIES

> *Sobre las superficies ciudadanas,*
> *las deshojadas hojas de los días,*
> > (Diez líneas para Antoni Tapies)
> > OCTAVIO PAZ

Signos, señales, gestos en el polvo derretido,
son nuestro ocaso, el destino y la memoria.

Marcas el misterio con cruces, como un tesoro
en el mapa de la ausencia.
Contraseñas de la vida en lienzo destronado.

Encontramos las huellas con las que tocaste
el vértice del sueño.
Con las uñas
arrancabas de paredes
fragmentos de futuro,
líneas de tiempo sideral, clavos de cruz,
sangres de holocaustos, fango en alimento
de dioses y anticristos,
arcanos de galaxias enterradas,
hojas deshojadas de almanaque.

Palabras olvidadas de tanto repetidas.
Lo no dicho, lo oxidado.

Porque el tiempo es cicatriz en el misterio.
Espíritu de tierra.

¡Palabra de creador!

20

VIENTO DE COLOR

Fernando Zobel

Dejad que el viento me traspase el cuerpo
Y lo ilumine.

(Un viento)
Claudio Rodríguez

A Antonio Lázaro. Escritor

Toda la paciencia del trazo
es una ventisca sobre el blanco.
El dios de las pequeñas cosas
se ha adueñado del lienzo.
La trementina ha establecido un lugar
al que acudir cuando ya nada es cierto.
Mi cerebro reptil se ha calmado
en barridos de color, en veladuras.
La inutilidad del aire cobra todo su sentido
en un instante.

A veces el viento trae fragancias de un haz de girasol
y las deja caer en ofrenda de sangre limpia,
otras me silva al oído nombres de los que ya no están
ni se yerguen en susurros de memoria.
Los pensamientos fugaces viran a ocres cansados,
son elevados por un soplo vengativo iconoclasta
que disuelve mis manos en resina
y me deja caer en lluvia suave sobre los campos,
ávidos de paz y de infinito.

Quizá la brisa abanique mis recuerdos,
mientras persigo un planeo de gaviotas
tierra adentro.

Hay ráfagas de tierna palidez en tus miradas.
Mis manos diluidas se expanden
en un gesto de paz.
El espacio es un amor
rellenando espejos y palabras.
Nadamos a contracorriente
en cuadriculas de grafito
que me fijan a tu aliento.

La luna ha sido traicionada
mientras los cobaltos inician una huelga
arrastrados por un viento de vendimias.
Una ingle de muchacha virginal aventa dudas
cuando se mira en tus imágenes teñidas.

El tiempo se detiene sobre lienzos insomnes,
traza una cuadrícula de panes y trigales
e intenta huir a través de poros abiertos en el lienzo.
Todo es un campo de trigo y jubileo,
un espíritu puro de sosiego arracimado.

Aceite y paz sobre viñedos otoñales,
calma del tiempo atribulado en la memoria
y torbellino de pájaros que juegan
sobre mis ojos enervados y abatidos.

El corazón es una rama desgajada de su origen.
Me has traído el pan y un alimento de colores.
El horizonte habla en vertical del tiempo disgregado
y los pigmentos se fugan en un zureo de mañanas.

Pájaros de luz estallan de entusiasmo
en viento tenue, tenue, tenue.

21

LAS CALLES, LAS CALLES

JUAN GENOVÉS

¡Autómatas!, gritó una voz al vernos.
Pero todos seguimos caminando.
(de *El color de la tinta*)
NICOLÁS DEL HIERRO

A Consolación González Rico. Escritora

Las calles, las avenidas, la inmensa mirada
derramada como tinta.
Multitud que no sabe que el camino
termina en el límite del bastidor
y extiende sus gritos
y algaradas en dirección al retorno.
A veces escucha, a veces pregunta.
A veces se detiene sin saber por qué camina.

La cámara en cenital testifica la carrera
mientras sobreviene un zureo de palomas
imprimadas de *gesso* y trementina.
La avalancha humilde, la catarata humana
consagrada al pan y a la bandera
inicia su giro de boomerang comprometido.

Fantasmas de medio miedo se ciernen
como seguidores autómatas,
imploradores sigilosos de abrazos
condenados a producirse.

La soledad se mece en medio de la gente,
en un café invernal,
en los bancos concurridos del parque,
en las alturas del balcón.

Todos acunamos una muchedumbre entre los brazos
cuando estamos solos.
Todos gritamos.

Algo sucede en las calles:
la resistencia, el amor, el hambre, las llaves
que se pierden,
una ambulancia recorre rauda el espacio entre el asfalto
y el cielo
alimentando su dosis diaria de palomas.
Una manifestación anticapitalista esgrime la voz,
no la palabra.
una manifestación antimarxista esgrime la voz,
no la palabra.
Una manifestación demócrata esgrime la voz
y la palabra.
Una manifestación esgrime y reivindica...
una manifestación, una manifes...
Un abrazo.
El abrazo.

LAS COSAS QUE NO CONOCEMOS

WOLF VOSTELL

Son las cosas que no conocéis
las que cambiaran vuestra vida.

(Epitafio en la tumba de Wolf Vostell)

¡La destrucción, ah, la destrucción!
La destrucción o el amor.
Las almas de metal y hormigón.
Las almas.
Alas de acero donde anidan las cigüeñas.
La destrucción de hormigón. El amor.
Imágenes eléctricas que agrietan muros
y funden pasiones desconocidas.

Tecnología de amor y acero.
La casa destruida y el pupitre.
Aviones de cemento y ruido.
¡La destrucción! ¡La destrucción y el silencio
de la noche!
Y un nido de pasiones.
Auschwitz, Treblinka. El corazón
de las tinieblas.
Shoah en negro y gris. Destrucción de espectros
que se yerguen en páramo yermo.
Muros destructores de almas. Muros
de hormigón y metal iluminados por los focos
gélidos de los *Lager*.
Pupitres enterrados en cal y pensamiento.
Cemento y coches derrapando madrugadas.

Todo cambia. Todo lo conmueve una estridencia
de cristal.
Motores inertes que remueven tu juicio.
Lienzos ajados y huesos lampiños.
Huesos de muertos que dejaron de ser humo
cuando el viento del Este y del Oeste se enfrentaron.
La destrucción. Para nacer
hay que romper un huevo.
El tiempo en el que duelen las cigüeñas.
Todo eso, lo que no conocemos,
es la Paz. El Arte.
Metamorfosis de los muertos y las almas.

Porque tú lo declaraste con tu rostro macilento
donde anidan los aviones.

23

ROSTROS DE PAPEL Y NOCHE

Rafael Canogar

Los detectives perdidos en la ciudad oscura.
Oí sus gemidos.

(Los detectives perdidos)
Roberto Bolaño

A Alfonso González-Calero. Editor y Humanista

Tened en cuenta el hombre,
su riego, su amasijo,
los abrazos de pobre y esperanza,
sus barridos de barro, sus berridos,
la calma en papel con planos cortos,
la soledad callada de las manos.

Los rostros de los rostros
que levantan sus perfiles desde el suelo.
La memoria callada. La memoria.

Los rastros que quedan tras su paso.

Dejad de barrer la carretera, subid hasta el Alcázar
como un azacán que acarrease anhelos.
Mirad sus huellas de pintura, sus collages,
sus arrastres de óleo inmaculado.

Allá cerca, en los confines, un hombre
tranquilo
expande sus siluetas en el cielo.
La memoria callada.
La memoria.

24

EL ÁNGEL FOSIL

Francisco Rojas

Tócala: no se encogerá como pupila
esta rareza oviforme, clara como una lágrima
(Una vida)
Sylvia Plath

Dice la leyenda que cada dos mil años
arqueología y arquitectura unen sus arcos
para desvelar un enigma de la vida.

Bajo el limo resinoso de la tierra, tras el volcán,
al retirar pátinas de tiempo oxidado,
el artista encontró el fósil primigenio,
restos de ala humana, cartílagos de seres primordiales,
ángeles que depusieron sus almas laminadas,
y cantos de sirena disecados.

Su catálogo de sueños deja inventariadas
palabras innombrables de antes de las lenguas,
cuando el averno era un lago manso de elixires:
vertrusbal, deromes, playande o *struyen.*
Verbos del verbo antes del verbo,
palabras de antes del lenguaje,
cuando los palios no daban sombra
a las calles de Toledo
ni las hornacinas albergaban señales de viento
y agua en la memoria.

Entiende la jerga de deidades,
el silbo del magma de la tierra,
la mezcla de ceniza en barro atávico,
textura de espíritus encarnados,
el idioma de las esfinges.

Ha leído el destino del cosmos
en los signos de la piedra,
quiromancia de salón en las rayas
de la mano del tiranosaurio,
en la sombra de las hadas,
en las líneas celestes de Nazca
en los cánones clásicos de Miguel Ángel
y en los ojos de pánico de Dante.

De su textura emergen memorias de lo humano,
de animal contraído en útero fetal
que ruega a Dios por su existencia.

Dice la leyenda que encontró la sima
donde duermen los ángeles fosilizados.

25

AMANSAR EL HIERRO

Gabriel Cruz Marcos

El hombre empezó a esculpir las sombras
Haciendo figuras con las manos
(de *El reloj de Gulliver*)
Santiago Sastre

Miraste cómo amansaba el hierro
y la callosidad férrea se volvía carne dócil
al contacto con su aura.
Sus manos no tocaban el metal, solo sus ojos.
El bronce se tornó savia, néctar, flores gigantes,
titanes de tiempo y barro, bálsamo de un Fierabrás
urbano y oxidado.

Tu pluma fue —atrevimiento de poeta— cuchillo
en su barba nevada y larga. En su voz, tu voz.
En tu voz, su voz.

Miraste cómo amasaba los granitos,
acarreaba cantaros cuajados
de la lluvia inmóvil de los dioses,
arenas de destierro, cantos de sirena,
piedras angulares, lares de fuego averno,
árboles insignes de aimaras y quechuas,
toros íberos de sangre descastada,
ríos de vida y lava nívea.

Enrique Galindo

Sabes que trajo las estrellas del pueblo
que dejó Alberto olvidadas, amansó
los fuegos de Vulcano,
fue san Jerónimo resucitado en las paredes,
la mano del Greco en las aceras,
agua del Tajo petrificada en hormigón,
santo de oteros y glorietas,
vigilante de calles y desiertos.

Todo sin mudar barba, sonrisa
ni materia.

26

ESCALERA AL FIRMAMENTO

Amselm Kiefer

> *Cae la noche.*
> *El corazón desciende*
> *infinitos peldaños,*
> *enormes galerías,*
> (de *Poemas a Lázaro*)
> Ángel Valente

El universo en su inmensidad no logra
inundar el mar de girasoles.
No hay plomo suficiente para tejer mantas
de hospital que conjuren la hecatombe,
el apocalipsis del hombre que ruega y recuerda.

La materia fermenta en el cemento
y se hace gigante, escaleras, barandillas de piedra,
calles de agua. Constelaciones de estrellas no alcanzan
para rellenar tu espacio, tu materia, tus candiles.
Jirones de ropa ajada. Perspectivas de hierro
que alejan trenes para mecerlos en vía muerta.
El todo y la nada. La nada y el todo en amalgama.
Los muros paren praderas y libros de plomo.
La luna se confina en el enjambre de la noche.
Aviones plateados desmembran el curso
de la Historia sin historia.

Enrique Galindo

Tu memoria es la cruz de lo innombrable,
de lo taciturno en la escalera de Jacob que sube
al abismo de los ángeles
y se recrea en espejismos, paisajes invernales,
carátulas de hambre y flores marchitadas.

Emerger de los escombros, la memoria de la Historia.

Perspectivas agudas de girasol
acunan mis ojos de saurio.
Lo eterno es suspiro para ti.
Mi asombro infinito.
Tu sombra mi arraigo.
Subir contigo la escalera mi delirio.

CAMINANTE DE HORIZONTES

Javier Sánchez Rubio

> *Albor. El horizonte*
> *entreabre sus pestañas,*
> *y empieza a ver.*
>
> (Los nombres)
> Jorge Guillen

El horizonte es un juego de líneas confusas
formando caos al amanecer.
Los horizontes no están en los mapas
sino en la mirada del viajero,
del caminante, del anciano
que muestra sus lágrimas de espera,
del buscador de manos y de encuentros.

No hay camino, carretera, sendero, puerto
que me lleve a él y, sin embargo
—Ítaca ansiada—,
está perenne en la mirada,
huye de mí —gato escaldado
que no caza ratones ni poemas—.
El horizonte es una línea en el reverso
de mi sombra, una acuarela de luz
envuelta en niebla
en la que un maniquí reconstruido de retales
recita su catálogo de hierbas y retratos.

El horizonte es un camino pintado,
una sucesión de huellas en el destino
del hombre, del hacedor de espejos.

Solo queda esperar un aliento de espejismo,
una voz de arrullo en el desierto de la lluvia
plagada de ramajes que marchitan el aire
y lo violentan.

Lejos he de ir para perderme.
Cerca miraré para encontrarte.

28

ARQUITECTURA DE MAPAS IMPOSIBLES

Luis Acosta

¿Me preguntas por qué habito
en estas colinas verde jade?

(Conversación en la montaña)
Li Po

He recibido tus postales
remitidas desde la urdimbre del lino
y selladas con acrílico de mancha expansionada
desde algún lugar de los manglares.
He visto tus mansiones de acero,
las incólumes fachadas de mármol
donde habitaron dioses del Olimpo,
las habitaciones del dinero, del trabajo y el poder,
y las flores que siluetan su impronta de alimento.

Mi penumbra la alumbra un arco
que deja su estarcido sobre el fluir del Tajo.
La casa se renombra, se torna espacio
inmaculado, sin recelo al vacío.

He recibido tus *postcards* de turista del lienzo
y la palabra adormecida.
Fotogramas de venas propias, el iris
de la mirada central en la curiosidad del hombre.
Tus portones y pérgolas, grafitos tensionados,
líneas rectas que rectan por el cuadro,
cuadrados que juegan a la comba

con las sombras de color,
mapas que no existen en los mapas,
regiones que se tornan misterio de azucenas.

El paisaje es mapamundi de arquitecturas imposibles
en las que no se pone el sol.
Aquí y ahora una hoja desprende
del árbol su impulso de haiku.

Un charco de cuadrículas
donde habitan tus ausencias.

29

HOMBRE QUE HABLA CON LA SOMBRA

Juan Muñoz

Ser por un día la vida de tu sombra
Jordi Doce

Observa demorado
la sombra que proyecta la pared,
la real y la del fin de la cosecha.
La del hombre que habla con su sombra.
Conversa con la penumbra y la luz le devuelve
la palabra.
Todo es silencio en la Caverna,
su alimento de voz.
Plasma el sigilo que encubren los discursos
dichos al oído, como un secreto impenitente.

Emperador de sombras, cuenta sus ejércitos de Xian,
corrige el arte de la guerra:
«no hay normas fijas, las normas se fijan
de acuerdo con las circunstancias».
Trae hombres de oriente, rarezas humanas,
cuerpos incógnitos, enigmas sonrientes,
enanos, ventrílocuos sin voz, espejos opacos.
La circunstancia es una habitación blanca
que boquea.

El hombre que habla con su sombra
dibuja la soledad del hombre que habla con su sombra.

Enrique Galindo

¿De qué ríen espectadores?
¿Qué cuentan las sombras de los títeres colgantes?
¿Qué historia se ha robado marionetas?

El actor no se encuentra, aunque se busca.
¿Dónde está su voz, su artificio
apagado en el sigilo de la noche
en una fiesta inmaculada-mente vacía?
¿Otro que huye de la soledad que nos contempla
desde el vientre de la cueva?

Observa Platón el reflejo en el espejo de los hombres,
el espacio es su mirada.

Una habitación vacía,
un cubo níveo espera.
El hombre calla ante su sombra.

30

ANTES DEL VERBO

José Carlos Calvo

Recuerda el árbol por un instante su patria primitiva
(de *Apología de la incertidumbre*)
Carlos Hernández Millán

I

Antes del verbo fue el árbol,
el embrión en huevo de madera primigenio.
Llegó la eclosión y el tronco se desnudó de materia.
El palo se hizo arte para desplegar
su universo silencioso, arbóreo y alado,
con el costillar abierto a seres de hueso
y cavernas insondables.

El *Hombre* no había nacido cuando el *Asceta*,
desde su rincón anfibio, inventaba el arte.
En su mano soñó arrullos, civilizaciones, manadas,
tribus de madera y mineral.

El *Asceta* elevó su voz y su navaja
de descortezar raíces y exclamó:
«¡Hágase el bosque!». Extendió sus brazos y ordenó:
«¡Busquen refugio, pongan huevos, crezcan, amen,
sueñen!».
Los ramajes se retorcieron buscándose,
hicieron el amor
con locuciones y gestos olvidados por el tiempo.

El creador se detuvo y vio que era bueno.
Brotaron tótems de la savia.
Nuevos saurios abandonaban la caverna.
El mundo se llenó de vainas, nidos, frutos
y engendros de vida vegetal que desconocía la clorofila.
La naturaleza, como el arte, metamorfoseaba,
evolucionaba al volver a los orígenes,
donde todo era puro,
antes de los tiempos, antes del verbo.

II

Ilusionista de la madera, sabe del tronco y de su esencia.
Retornar al óvulo es una opción.
Hay fotogramas que muestran sus texturas
por puertas y ventanas,
espían engendros de naturaleza penitente,
dialogan sobre el mar y sus reflejos.
Solo él conoce el resultado.
Nos concede mirar en su universo
por el ojo de un dios mínimo que juega a la materia,
extraña y asequible, cariñosa e inquietante.
El sexo es consumación antropomorfa.
Ángeles caídos se fusionan con espíritus
de sombra blanca.

Vimos ventanas abiertas al bosque, espíritus traviesos
fabricando instrumentos para entonar la música
más silenciosa y escondida.
Hay puertas al color que nos dejarán pasar
si somos dignos del arte, si honramos a natura.
Todo nace y se materializa de nuevo,
insectos y anfibios, los frutos y los cánticos.

Las estalagmitas juegan a prolongarse,
a interrogarnos sobre la eclosión primaria
del huevo en perpetua reproducción.

Todo antes del verbo
y de los hombres.

31

LA ORACIÓN DE LAS RAICES

CRISTINA IGLESIAS

Soy una selva de raíces vivas.
Sólo el follaje suele estar muerto.
(Un sol)
ALFONSINA STORNI

A Santiago Sastre. Poeta

Fluyen las ánimas desde el frescor de la penumbra.
La lluvia ruega bendición entre el ramaje de los bosques,
agua sagrada que mane entre el claustro y los cimientos
del monasterio de la vida que fluye entre raíces.

En el laberinto no encontramos Minotauro.
Espera fuera, enredado en el secreto de las celosías.
El mar rebelado ha conquistado lo doméstico.
El mar revelado materializa lo divino.
La muerte no se espera, diserta entre las sombras
de lo humano y en la paz de los helechos.

Natura reivindica su dominio. La paz del tiempo.
Todo es encrucijada de boscajes, madreselvas,
robles otoñales siseando sus plegarias,
eucaliptos de lo humano y lo hechicero,
broza y hojarasca, enramadas de hielo y fuego.
Fluye el tiempo como humedad cíclica,
juego de manglares,
reflejo de imperios y esperanzas.

La savia a veces detiene su camino.
Interrogante.
No ha de rezar sino gritar
desde los muros de silencio,
dentro, muy al fondo de la sombra y celosía,
una plegaria de hadas con sordina
buscando el manantial de los arcanos.

Las ramas ruegan por los hombres
que no rezan ni se inventan.

SURGIR DEL BARRO, O DEL INFIERNO

MIQUEL BARCELÓ

> un arbusto de hueso a través de un aire
> que echaba raíces,
>
> (En el principio)
> DYLAN THOMAS

Y el barro se hizo hombre y habitó los altares.
Trocó oráculos tribales de lenguas muertas
y animales salvajes en agua y textura,
en mármol y hojarasca.
El fango creador inventó los espejos
donde se miran los ángeles.

¿Quién vio la luna de hueso desplomar su luz
sobre los cráneos animales, sobre espectros
de papel y lodo, sobre mortales y alimañas?

El artista subió a las techumbres y bajó a los hormigueros
para alcanzar satélites y planetas
en la penumbra del mundo.

La tierra de la Tierra.
Todo lo vivo se revela en la materia.
Cocción a fuego lento, a impulsos de pincel y puño.

La bestia interna maquina su apocalipsis.
Dante se persigna atribulado.
La caverna y el averno son vasos comunicantes.
El hombre es lucifer en su boceto.

El edén y el infierno se conectan
en alguna encrucijada del lienzo nacarado.

La obra devora al creador.

33

LA PIEL CRAQUELADA

Lita Cabellut

¿Qué luna recogerá
tu dolor de cal y adelfa?

(de *Poema del cante jondo*)
Federico García Lorca

A Carmen de Pedro. Pintora

Se ha desfragmentado con voz de templo la memoria,
deconstruida la voz que nos envuelve,
los cuerpos templados que nos mantienen abrazados,
los rostros pintados en tu rostro,
labor de un dios ajado en la pintura.

   Has roto los espejos donde se miran tus modelos.

Hacer la fotografía, inmensa para hornacina,
derramar el tiempo en su barniz,
elegir colores que no existen en las cartas siderales,
zapatear sobre los lienzos como gitanas de luz,
trazar el aliento en jirones sobre el paño.

   Manual de instrucciones para romper un cuadro.

Penetrar hondo desde los poros y los ojos
para emerger de la existencia,
derramar la piel desde dentro del misterio,
tallar un dios de barro en cada herida
y trocear el viento con tus manos.

   Observar cada retrato plegando el subconsciente.

Clamar a lunas llenas por la vida, sentir
el canto en la memoria de la piel,
creer en las tragedias de la aurora que no nace,
reírse de oráculos y salmos
a cada trazo de pincel, en cada gesto.

Peinar el alma a contrapelo.
Craquelar la piel hasta sangrar.

34

PATCHWORK

Jorge Galindo

Arrojar el olor de las flores marchitas
contra el oleaje del tiempo.

(de *Los paréntesis imantados*)
Jesús Losada

Hay respuestas:
la vida es un *patchwork* de trapos y toallas
entreverados de *unha feira* en Portugal.
La pintura sangra y se esparce
en los trajes de domingo
como una folclórica de viento y cante.
Tal vez se trate de una vieja película española
con sus flores, su copla y pandereta.
Quizá se halle entre los films de Almodóvar,
tras el fondo de diafragma de una fotografía
en sepia y negro, con fundido en arcoíris.

Quizás la vida la componga una serie
de *collage* fotográficos, la colección
de un saurio que ataque fieramente la pintura,
la mente reptil del hombre al uso,
las telas chorreando vida vieja,
jirones de espejo detenidos en los trazos.

LA RESISTENCIA SIGILOSA

BANKSY

De qué se nutrirá nuestra calle
Cuando ya no pintemos sus muros
Y los sprays se desangren
Ayunos de dedos que les aplasten las vértebras.

(de *La Casa de las fieras*)
CARLOS ENRIQUE RODRIGO

Está en las calles la trinchera.
De nuevo los miserables se asoman
entre las aristas de los mapas.
La basura recoge el atardecer.
Un francotirador prepara sus balas impregnas
de pintura gris, apunta
a los escaños y deja chorrear
farolas y recuerdos derretidos.

Un insólito pintor disfrazado de iguanodonte
recorre la oscuridad en pos de un motivo caliente
para la lucha en frío.
Pone comas a los muros, corrige ranuras
a los portales, sombras a las persianas,
deja escapar a las fieras
y dispara un *kalashnikov* con bolas de *spray*
para pintar flores marchitas.

Revela las radiografías de la indiferencia,
caricaturas de odio esterilizado,
condensado en un bote de pintura,
con un nuevo esténcil entre sus manos.

Los niños ya no juegan a la goma ni al parchís,
su espíritu no recuerda las risas de las calles.
La resistencia va tomando sigilosa las calles sigilosas,
callejones, azoteas, sumideros, piscinas, balcones
que aplauden por sanitarios ausentes.
La resistencia se nutre de palabras calladas,
ideogramas que se agazapan en callejones
de la memoria, al acecho del precioso instante
preciso de asaltar los corazones.

AGRADECIMIENTOS

A Carmen García Rodríguez Alonso que, desde la atalaya de la novela, emite figuras literarias poéticas e intensas, como su amistad en la distancia.

A Carlos Enrique Rodrigo, coleccionista de fieras poéticas, entre las que me encuentro, por su lectura y aportaciones.

A los poetas que cito, todos asfaltaron mi camino. Una especial conmemoración a Santiago Sastre, María Luisa Mora, María Antonia Ricas, Carlos Hernández Millán y Elena Román, con admiración y amistad.

A los artistas que me inspiran y que, sin saberlo, pusieron delante de mí espejos en los que desdoblarme.

A Isaura Álvarez. Como siempre, a mi lado, con luz buena.